INTRODUCTION

Lorsque vous pensez à investir dans l'immobilier, la première chose qui vous vient à l'esprit est votre maison. Bien sûr, les investisseurs immobiliers ont beaucoup d'autres choix lorsqu'il s'agit de choisir des investissements, et ils ne sont pas tous raisonnables. ropies. L'immobilier est devenu un véhicule d'investissement régulier au cours des 50 dernières années environ. L'immobilier s'est avéré être un véhicule d'investissement très réussi à maintes reprises. Cependant, le défi de déterminer comment investir dans l'immobilier est l'un des obstacles les plus considérables à l'entrée. La bonne nouvelle ici est que quelqu'un peut apprendre à investir dans l'immobilier - il vous suffit de consacrer du temps à vous éduquer. C'est pourquoi ce guide est conçu pour les débutants. Quel que soit notre point de départ, il n'y a aucune raison réelle pour laquelle cela devrait être interdit. Plusieurs stratégies d'investissement peuvent servir de porte d'entrée vers une affaire réussie dans l'immobilier. Il est temps d'en apprendre davantage sur l'investissement immobilier pour les débutants et de trouver la bonne stratégie pour vous.

CHAPITRE 1

Investissements immobiliers

L'investissement immobilier est l'une des méthodes d'investissement les plus prometteuses depuis plusieurs années. Les investisseurs en herbe préfèrent investir dans l'immobilier pour développer leur portefeuille, avoir une source supplémentaire de revenus passifs , choisissez-le comme source de retraite dans certains, ou même. L'immobilier est un excellent moyen d'améliorer votre investissement, quel que soit le type d'investissement que vous poursuivez. Il existe une vaste gamme d'options pour les vrais investisseurs, que vous souhaitiez être un investisseur très actif ou un investisseur totalement autonome. Comme pour tout type d'investissement, il est important de comprendre votre marché réel, vos concurrents, vos clients potentiels, et vous votre propriété a un potentiel de revenu. La plupart des investissements immobiliers ne sont pas très appréciables, mais ils peuvent servir de contrepoids aux actions plus risquées et à d'autres investissements. des mesures telles que les croustilles.

Quels sont les types ?

La location d'appartements, les FPI, l'immobilier commercial, les terrains et le financement participatif sont tous des types d'investissements immobiliers. Il existe plusieurs types d'investissements immobiliers, mais la plupart se répartissent en deux catégories : les investissements immobiliers tels que les terrains, l'immobilier et l'immobilier commercial. Des modes d'investissement qui ne nécessitent pas de posséder un projet immobilier, tels que les FPI et les plates-formes de financement participatif. Investir dans des biens immobiliers traditionnels et physiques peut offrir un rendement élevé, mais cela nécessite également plus d'argent à l'avance et il peut avoir beaucoup d'argent. ng coûts. Les FPI et les plateformes de financement participatif ont une barrière financière à l'entrée plus faible, ce qui signifie que vous pouvez investir dans plusieurs types de biens immobiliers pour plus qu'il en coûterait pour investir dans un seul. Ces investissements immobiliers alternatifs offrent également le net avantage de ne pas avoir à quitter votre maison ou à ou commencer à investir.

Quelles sont les différentes manières d'investir dans l'immobilier ?

Propriétaires de location

Si vous investissez dans des projets de location, vous devenez propriétaire, vous devez donc déterminer si vous serez à l'aise dans ce rôle. En tant que propriétaire, vous serez responsable de choses telles que l'hypothèque, les taxes foncières et l'assurance, le maintien de la propriété, la recherche de nts, et traiter tous les problèmes. À moins que vous n'embauchiez un bon gestionnaire pour gérer les détails, être propriétaire est un investissement pratique. Dépendre de votre situation, prendre soin de la propriété et des locataires peut être un travail 24 heures sur 24, 7 jours sur 7, et ce n'est pas toujours agréable. Cependant, si vous choisissez soigneusement vos propriétés et vos locataires, vous pouvez réduire le risque d'avoir des problèmes majeurs. Une façon pour les propriétaires de gagner de l'argent est de percevoir le loyer. Le montant de loyer que vous pouvez demander dépend de l'endroit où se trouve la location. Pourtant, il peut être difficile de déterminer le meilleur loyer car si vous payez trop cher, vous chasserez les locataires, et si vous payez Trop peu vous laisserez de l'argent sur la table. Une stratégie courante consiste à facturer suffisamment de loyer pour couvrir les dépenses jusqu'à ce que l'hypothèque ait été payée, moment auquel la majeure partie du loyer sera vient à profit. L'autre moyen principal par lequel les propriétaires gagnent de l'argent consiste à appréhender. Si votre propriété prend de la valeur, vous pourrez peut-être la revendre avec profit (le moment venu) ou emprunter contre l'avantage de faire votre prochain investissement. Bien que l'immobilier ait tendance à s'apprécier, il n'y a aucune garantie. Cela est particulièrement vrai pendant les périodes de forte volatilité sur le marché immobilier, y compris plus récemment tout au long de la durée à propos de la pandémie de COVID-19. Pendant ce temps, les prix immobiliers moyens aux États-Unis ont augmenté de 17 %. La croissance spectaculaire a laissé beaucoup de gens se demander si les prix sont dus à un effondrement.

Flirting Houses

Comme les commerçants qui sont loin des investisseurs qui achètent et conservent, les flippers immobiliers sont une race complètement différente des propriétaires d'achat et de location. Les flirteuses achètent des biens avec l'intention de les conserver pendant une courte période - souvent pas plus de trois à quatre mois - et presque pas les ng pour un profit. Il existe deux approches principales pour lancer un programme :

- Pepaip анд урдате. Avec cette approche, vous achetez une propriété qui, selon vous, augmentera en valeur avec certaines réparations et mises à jour. Idéalement, vous terminez le travail aussi simplement que possible et vendez ensuite à un prix qui dépasse votre investissement total (y compris les rénovations).
- Tenir et revendre. Cette ture de retournement fonctionne différemment. Au lieu d'acheter une propriété et de la réparer, vous achetez sur un marché en croissance rapide, maintenez pendant quelques mois, puis revendez à profit.

Avec l'un ou l'autre de ces retournements, vous courez le risque de ne pas être en mesure de décharger la propriété à un prix qui deviendra un profit. Cela peut présenter un défi parce que les flippers ne lisent généralement pas assez d'argent pour rau hypothèques sur les propriétés pour le long te rm. Pourtant, le retournement peut être une façon lucrative d'investir dans l'immobilier si c'est fait de la bonne manière.

FPI

Une fiducie de placement immobilier (FPI) est créée lorsqu'une société (ou une fiducie) est formée pour investir, investir et vendre des revenus. Les REIT sont achetés et vendus sur les principales places boursières, tout comme les actions et les fonds négociés en bourse (ETF). Pour être qualifiée de FPI, l'entité doit verser 90 % de ses bénéfices imposables sous forme de dividendes aux actionnaires.

Ce faisant, les FPI évitent de payer un impôt sur le revenu correspondant, alors qu'une société ordinaire serait imposée sur ses bénéfices, ce qui réduirait les rendements qu'elle pourrait distribuer. te à ses actionnaires. Tout comme les actions régulières versant des dividendes, les FPI sont appropriées pour les investisseurs qui souhaitent un revenu régulier, bien qu'elles offrent également une indemnité pour l'arrestation. Les FPI investissent dans une variété de propriétés telles que des centres commerciaux (à peu près comme tous les FPI), des établissements de santé, des hypothèques et des immeubles de bureaux. Par rapport à d'autres types d'investissements immobiliers, les FPI ont l'avantage d'être très liquides.

Que sont les groupes d'investissement immobilier ?

Les groupes d'investissement immobilier (REIG) sont un peu comme les petits fonds communs de placement pour les propriétés locatives. Si vous souhaitez posséder un bien locatif mais que vous ne voulez pas être propriétaire, un investissement immobilier peut être la solution pour vous. Un pays construira ou construira un ensemble de bâtiments, souvent de l'art, puis permettra aux investisseurs de les acheter à travers le pays, rejoignant ainsi la croissance. Un seul investisseur peut posséder une ou plusieurs unités d'espace de vie autonome. Mais la société qui gère le groupe d'investissement gère toutes les unités et s'occupe de l'entretien, de la publicité et de la recherche de locataires. En échange de cette gestion, la société prend un pourcentage du loyer mensuel. Il existe plusieurs versions des groupes d'investissement. Dans la version standard, le bail est au nom de l'investisseur, et l'ensemble des logements mutualise une partie du loyer pour se prémunir contre d'éventuelles vacances. Cela signifie que vous recevrez assez pour payer l'hypothèque même si votre unité est vide. La qualité d'un groupe d'investissement dépend entièrement de la société qui l'offre. En théorie, c'est un moyen sûr d'investir dans l'immobilier, mais les groupes peuvent facturer le genre de frais élevés qui hantent l'industrie des fonds communs de placement. Comme pour tous les investissements, la recherche est essentielle.

Quelles sont les raisons d'investir dans l'immobilier ?

L'immobilier est un investissement intelligent pour créer de la richesse en raison des facteurs suivants :

- Des flux de trésorerie
- Retour à long terme
- Diversification du portefeuille d'investissement

Des flux de trésorerie

L'investissement immobilier génère un flux de trésorerie constant. Le flux de trésorerie est le montant net d'argent entrant et sortant d'un investissement. L'argent reçu est une entrée et l'argent dépensé est une sortie. La capacité de générer un flux de châssis cohérent est une caractéristique essentielle de l'investissement immobilier. Quelques exemples qui génèrent un flux de page positif :

- Louer en propriété (syndicats et groupes) dans des immeubles à appartements
- Investir dans une maison mobile
- Immobilier en gros
- Acheter des propriétés locatives

L'investissement immobilier est polyvalent et rentable.

Retour à long terme

La propriété d'investissement vous rapporte de l'argent de deux manières : les loyers des locataires et l'appréciation. L'arrestation se produit lorsque le prix de votre propriété devient plus précieux. Aux États-Unis, la moyenne nationale d'évaluation est d'environ 3,5 % par an. Lorsque vient le temps de vendre (également appelé désinvestissement) la propriété, vous gagnez un retour forfaitaire sur votre investissement. Le paiement forfaitaire de la vente en fonction des revenus locatifs sur la durée de vie de votre investissement permet de réinvestir dans un actif très performant. notre portefeuille d'investissement.

Diversification du portefeuille d'investissement

L'investissement immobilier fait partie intégrante d'un portefeuille équilibré. Les forces économiques en jeu sur les marchés boursiers existent sur un marché différent de celui de l'investissement immobilier. Par conséquent, la volatilité du marché boursier n'affecte pas l'investissement réel.

Par rapport aux actions et aux obligations, l'investissement immobilier est :

- Plus cohérent
- Moins volatil
- Résiste aux forces de l'inflation

Le graphique met en évidence la stabilité relative des investissements immobiliers depuis la fin de la Seconde Guerre mondiale. L'immobilier est un actif physique limité. En conséquence, le projet a de la valeur en étant rare. Au fur et à mesure que la rorulation augmente et que la disponibilité de l'immobilier diminue, la valeur du terrain s'apprécie.

Que sont les fiducies de placement immobilier?

Les fiducies de placement immobilier (« FPI ») permettent aux particuliers d'investir dans des biens immobiliers à grande échelle et générateurs de revenus. Une FPI est une société qui possède et vend des biens immobiliers productifs de revenus ou des actifs connexes. Ceux-ci peuvent inclure des immeubles de bureaux, des centres commerciaux, des appartements, des hôtels, des centres de villégiature, des installations de stockage en libre-service, des entrepôts et des hypothèques ou des prêts s. Contrairement à d'autres sociétés immobilières, une FPI ne développe pas de propriétés immobilières pour les revendre. Au lieu de cela, une FPI achète et développe principalement pour les exploiter comme une partie de son propre portefeuille d'investissement.

Comment ça marche?

Le Congrès a créé des fiducies de placement immobilier en 1960 comme un moyen pour les investisseurs individuels de détenir des participations dans des biens immobiliers à grande échelle entreprises, tout comme elles pourraient détenir des participations dans d'autres entreprises. Cette décision a permis aux investisseurs d'acheter et d'échanger facilement un portefeuille immobilier diversifié. Les FPI sont tenus de respecter certaines normes établies par l'IRS, notamment qu'ils :

- Renvoyez un minimum de 90% du revenu imposable sous forme de dividendes aux actionnaires chaque année. C'est un grand tirage au sort pour l'intérêt des investisseurs dans les FPI.
- Investissez au moins 75 % de l'actif total en biens immobiliers ou en espèces.
- Recevoir au moins 75 % du revenu brut de l'immobilier, de sorte que les intérêts sur les hypothèques finançant le r eal prorertu ou de la vente de biens immobiliers.
- Avoir un minimum de 100 actionnaires après la première année d'existence.

- N'ayez pas plus de 50% des formes détenues par cinq personnes ou moins pendant la dernière moitié de l'année imposable.

En respectant ces règles, les FPI n'ont pas à payer d'impôt au niveau de l'entreprise, ce qui leur permet de financer plus de biens immobiliers que les sociétés non FPI. Cela signifie qu'avec le temps, les FPI peuvent grossir et générer des dividendes encore plus importants.

Quelles sont les fiducies de placement immobilier par portefeuille de placement?

Les FPI se divisent en trois grandes catégories divisées en avoirs d'investissement : actions, hypothèques et FPI hybrides. Chaque catégorie peut en outre être divisée en trois types qui expliquent comment l'investissement peut être acheté : - les FPI négociées et les FPI privées.

Chaque FPI a des caractéristiques et des risques différents, il est donc important de savoir ce qu'il y a sous le capot avant d'acheter.

- FPI d'Eduity : Les FPI d'Eduity fonctionnent comme un propriétaire. Ils possèdent le bien immobilier sous-jacent, vous fournissent et réinvestissent dans la propriété et collectent les chèques de loyer - toutes les tâches de gestion que vous avez ociate avec la possession d'un propertu.
- FPI hypothécaires : contrairement aux FPI en actions, les FPI hypothécaires (également appelées mREIT) ne possèdent pas la propriété sous-jacente. Au lieu de cela, ils possèdent des titres de créance adossés à la propriété. Par exemple, lorsqu'une famille contracte une hypothèque sur une maison, ce type de FPI peut acheter cette hypothèque auprès du prêteur d'origine

et percevoir le montant hly rauments au fil du temps. Pendant ce temps, quelqu'un d'autre - la famille, dans cet exemple - possède et exploite la propriété. Les FPI hypothécaires sont généralement beaucoup plus risqués que leurs cousins FPI en actions, et ils ont tendance à verser des dividendes plus élevés.

- FPI Hubrid : Les FPI Hubrid sont une combinaison de FPI hypothécaires et hypothécaires. Ces entreprises possèdent et gèrent des biens immobiliers ainsi que leurs propres prêts hypothécaires commerciaux dans leur portefeuille. Assurez-vous de lire le site Web du FPI pour comprendre ses risques.

Quels sont les types de fiducies de placement immobilier?

- FPI cotées en bourse : comme leur nom l'indique, les FPI cotées en bourse sont négociées en bourse, comme les actions et les ETF, et sont disponibles à l'achat. dans une société de courtage ordinaire. Il y a plus de 200 FPI cotées en bourse sur le marché, selon l'Association nationale des fiducies d'investissement immobilier, ou Nareit. Les FPI cotées en bourse ont tendance à avoir de meilleures normes de gouvernance et à être plus transparentes. Ils offrent également les actions les plus liquides, ce qui signifie que les investisseurs peuvent vendre facilement les actions du FPI - beaucoup plus rapidement, par exemple, que d'investir et de vendre un retta il vous convient. Pour ces raisons, de nombreux investisseurs achètent et vendent uniquement des FPI cotées en bourse.

- FPI publiques non négociées : ces FPI sont

enregistrées auprès de la SEC mais ne sont pas disponibles en bourse. Au lieu de cela, ils peuvent être achetés auprès d'un courtier qui participe à des offres publiques non négociées, telles que le courtier immobilier Fundris e. (Nareit maintient une base de données en ligne où les investisseurs peuvent rechercher des FPI en fonction du statut d'inscription). Parce qu'ils ne sont pas cotés en bourse, ces FPI sont très illégitimes, souvent pour des périodes de huit ans ou plus, selon la Financ c'est l'autorité de réglementation de l'industrie. Les FPI non négociées peuvent également être difficiles à évaluer. En fait, la SEC avertit que ces FPI n'estiment souvent pas leur valeur pour les investisseurs avant 18 mois après la clôture de leur offre, ce qui peut un an après avoir investi. Plusieurs plates-formes de négociation en ligne permettent aux investisseurs d'acheter des actions dans des FPI publiques non négociées, y compris Modiv, le Fonds de diversité et Realty Mogul.

- FPI privées : non seulement ces FPI ne sont pas listées, ce qui les rend difficiles à évaluer et à échanger, mais elles sont également généralement exemptées de l'enregistrement auprès de la SEC : euh, les FPI privées ont moins de divulgation de leurs exigences, ce qui rend leur performance plus difficile à évaluer. Ces limitations rendent ces FPI moins attrayantes pour de nombreux investisseurs, et elles comportent des risques supplémentaires. (Voir cet avertissement utile de la FINRA concernant les FPI non cotées et les FPI publiques.)

Les FPI publiques non négociées et les FPI privées peuvent également avoir des minimums de compte beaucoup plus élevés - 25 000 $ ou plus - pour commencer à négocier, et des frais de gestion plus élevés que ceux FPI ajoutées. Pour cette raison, les FPI privées et de nombreuses FPI non négociées sont réservées aux investisseurs accrédités disposant d'une valeur nette (à l'exclusion de la valeur de leur r résidence principale) de 1 million de dollars. r plus, ou un revenu annuel dans chacune des deux dernières années d'au moins 200 000 $ si célibataire ou 300 000 $ si marié.

Pourquoi quelqu'un investirait-il dans des fiducies de placement immobilier ?

Les FPI fournissent un moyen pour les investisseurs individuels de gagner une partie de l'insolent produit par l'intermédiaire d'un propriétaire immobilier - sans que tuallu doit sortir et acheter de l'immobilier.

Quels types de fiducies de placement immobilier existe-t-il?

De nombreux FPI sont enregistrés auprès de la SEC et sont publiquement négociés en bourse. Ceux-ci sont connus sous le nom de FPI cotées en bourse. D'autres peuvent être enregistrés auprès de la SEC mais ne sont pas commercialisés publiquement. Ceux-ci sont connus sous le nom de FPI non négociés (également connus sous le nom de FPI non négociés en bourse). C'est l'une des distinctions les plus importantes parmi les différents types de FPI. Avant d'investir dans une FPI, vous devez comprendre si elle est ou non cotée en bourse, et comment cela pourrait affecter les avantages et des risques pour vous.

Comment démarrer une fiducie d'investissement immobilier ?

Commencer est aussi simple que d'ouvrir un compte de

courtage, ce qui ne prend généralement que quelques minutes. Ensuite, vous pourrez acheter et vendre des FPI comme vous le feriez pour n'importe quelle autre action. Parce que les FPI génèrent des dividendes si importants, il peut être judicieux de les placer dans un compte fiscalement avantageux comme un IRA, alors vous reportez à les distributions. Si vous ne souhaitez pas échanger des actions individuelles de FPI, il peut être très logique d'acheter simplement un FNB ou un fonds commun de placement qui examine et investit dans une gamme de FPI. s pour vous. Vous obtenez une diversification immédiate et un risque moindre. De nombreuses maisons de courtage offrent ces fonds, et y investir nécessite moins de démarches que de rechercher des FPI individuelles pour investir .

Comment puis-je acheter et vendre des fiducies de placement immobilier ?

Vous pouvez investir dans une FPI cotée en bourse, cotée en bourse, en achetant des actions par l'intermédiaire d'un courtier. Vous pouvez acheter des actions d'un FPI non négociable par l'intermédiaire d'un courtier qui participe à l'offre du FPI non négociable. Vous pouvez également acheter des actions dans un fonds commun de placement de REIT ou un fonds négocié en bourse de REIT.

Les véritables fiducies de placement sont-elles un bon investissement?

Ils peuvent l'être, mais ils peuvent aussi être variés et complexes. Certains négocient en bourse comme une action ; d'autres ne sont pas commercialisés publiquement. Le type de FPI que vous achetez peut être un facteur important dans la quantité de risque que vous prenez, car les FPI non négociés ne sont pas facilement vendus et pourraient l'être difficile à évaluer. Les nouveaux investisseurs devraient généralement s'en tenir aux FPI cotées en bourse, que vous pouvez acheter via

sociétés de courtage. Pour cela, vous aurez besoin d'un compte de courtage. Si vous n'en avez pas déjà un, l'ouverture d'un prend moins de 15 minutes et de nombreuses entreprises ne nécessitent aucun investissement initial (bien que cela La FPI elle-même aura probablement un investissement minimum).

Quels sont les avantages des fiducies
de placement immobilier ?

Il y a des avantages à investir dans les FPI, en particulier celles qui sont cotées en bourse :

- Dividendes stables : étant donné que les FPI sont tenues de verser 90 % de leur revenu annuel en tant que dividendes de l'actionnaire, elles consistent en n'offrent que quelques-uns des dividendes les plus élevés sur le marché boursier. Cela en fait un favori parmi les investisseurs à la recherche d'un flux de revenu régulier. Les FPI les plus fiables ont la réputation de payer des dividendes importants et croissants pendant des décennies.
- Rendements élevés : Comme indiqué ci-dessus, les rendements des FPI peuvent surpasser suffisamment les investissements, ce qui est une autre raison pour laquelle ils sont attrayants. portfolio diversfication.
- Liquidité : les FPI cotées en bourse sont beaucoup plus faciles à acheter et à vendre que le processus laborieux d'achat, de gestion et de vente Je t'aime.
- Volatilité plus faible : les FPI ont tendance à être moins volatiles que les actions traditionnelles,

en partie à cause de leurs dividendes plus importants. Les FPI peuvent servir de couverture contre les hauts et les bas d'autres classes d'actifs, mais aucun investissement n'est à l'abri du vola. jusqu'à.

Quels sont les inconvénients ?

- Illiquides (surtout des FPI non cotées et privées) : les FPI cotées en bourse sont plus faciles à acheter et à vendre que les propriétés réelles, mais comme indiqué ci-dessus e, les FPI non négociées et les FPI privées peuvent être une autre histoire. Ces FPI doivent être détenues pendant des années pour réaliser des gains potentiels.

- Forte dette : Une autre conséquence de leur statut juridique est que les FPI ont beaucoup de dettes. Ils sont généralement parmi les sociétés les plus endettées du marché. Cependant, les investisseurs sont devenus à l'aise avec cette situation parce que les FPI ont généralement des contrats à long terme qui génèrent des flux de trésorerie réguliers - tels que les baux, qui veillent à ce que cet argent arrive - pour soutenir confortablement leurs paiements de dette et s'assurer que les dividendes seront sera toujours expulsé.

- Croissance faible et apport important : étant donné que les FPI rau une grande partie de leurs bénéfices sous forme de dividendes, pour se développer, ils doivent lever des fonds en émettant n nouvelles actions et obligations. Mais les investisseurs ne sont pas toujours disposés à les acheter, comme lors d'une crise financière ou d'une récession. Ainsi, les FPI peuvent ne pas être en mesure d'acheter des biens immobiliers exactement quand ils le souhaitent - mais lorsque les investisseurs sont à nouveau disposés à acheter des actions et des obligations dans le FPI, le FPI peut grandir à nouveau.

- Fardeau fiscal : bien que les FPI ne soient pas imposées, leurs investisseurs doivent quand même débourser pour tous les dividendes qu'ils reçoivent, à moins qu'ils ne soient perçus dans un cadre fiscalement avantageux. (C'est l'une des raisons pour lesquelles les FPI peuvent convenir parfaitement aux IRA).
- Les FPI non négociables peuvent être coûteux : le coût de l'investissement initial dans un FPI non négociable peut être de 25 000 $ ou plus investisseurs. Les FPI non cotées peuvent également avoir des frais plus élevés que les FPI commerciales.

Comment investir dans l'immobilier ?

L'investissement immobilier est l'achat d'un bien immobilier. Pour bien comprendre cette définition, il faut d'abord définir l'état réel. Un bien immobilier est essentiellement tout terrain et tout bien attaché à ce terrain. Tout élément naturel ou artificiel faisant partie de ce terrain, y compris les arbres, les bâtiments ou les clôtures, est considéré comme un bien immobilier. Vous pourriez entendre des gens utiliser indifféremment les mots terre, immobilier et réel. Cependant, il existe de légères différences entre les deux termes. La terre est n'importe quelle surface naturelle et n'importe quoi que vous pourriez attribuer au fait d'être un rart de la Terre Mère. L'immobilier est cette terre, à l'exclusion de tout ajout artificiel permanent, comme une maison. Enfin, l'immobilier est l'ensemble des incitations et avantages liés à la possession d'un bien immobilier. Ainsi, investir dans l'immobilier est le moyen d'acheter une parcelle de terrain rlus tout ajout fait par l'homme à ce terrain. Il existe plusieurs catégories d'investissement immobilier, et les plus courantes sont l'investissement immobilier résidentiel, commercial et industriel. Investir dans l'immobilier peut sembler coûteux au début, mais c'est l'un des moyens les plus éprouvés de créer de la richesse. Nous discutons ensuite de la manière dont vous pouvez gagner de l'argent en investissant dans l'immobilier.

Comment l'investissement immobilier rapporte-t-il de l'argent ?

Investir dans l'immobilier est une méthode éprouvée pour gagner de l'argent, et vous pouvez gagner cet argent de différentes manières. Les deux méthodes principales sont l'appréciation de la valeur et les revenus locatifs :

- Arresitation de valeur: Tout au long de l'histoire, les valeurs appropriées ont augmenté au fil du temps. Nous appelons cela l'augmentation de la valeur. Tout expert serait d'accord pour dire que l'emplacement est la première chose sur laquelle baser votre investissement. Les valeurs de propriété vont de pair avec l'opportunité reçue d'un quartier. Avez-vous déjà entendu la phrase "Achetez la maison la plus belle dans le meilleur quartier?" Il y a du vrai là-dedans. Il vaut mieux acheter une maison que vous pouvez réparer dans un bon quartier qu'une maison okau dans un mauvais quartier. Vous pouvez également envisager d'investir dans une zone à venir.

- Revenu locatif : certains investisseurs immobiliers s'appuieront uniquement sur l'appréciation de la valeur. Par exemple, ils vivent peut-être dans la propriété ou investissent dans une maison de vacances. Cependant, de nombreux investisseurs immobiliers aiment faire fructifier leur patrimoine en générant des revenus locatifs.

- En louant la propriété que vous possédez, non seulement cette propriété s'apprécie au fil du temps, mais vous gagnez un revenu mensuel. Votre niveau d'implication dépend de vous, mais certains propriétaires qui travaillent avec un gestionnaire immobilier peuvent qualifier ce revenu de passif.
- Dans une situation idéale, vos locataires réclameraient votre hypothèque et certains bénéfices en plus. (Cela deviendra un pur profit une fois l'hypothèque remboursée.) Cependant, assurez-vous de tenir compte des réparations et de l'entretien dans votre budget.

Quelles stratégies dois-je utiliser pour investir avec succès dans l'immobilier ?

Si vous ne savez pas déjà comment investir dans l'immobilier, percer dans l'industrie peut être intimidant. Cela peut prendre plusieurs années avant qu'un investisseur ne se sente à l'aise et confiant dans l'immobilier. C'est pourquoi les stratégies d'investissement adaptées aux débutants sont un excellent point de départ. Bien qu'ils conviennent aux investisseurs avec peu ou pas d'expérience, ils peuvent toujours être très rentables lorsqu'ils sont gérés correctement. Il est possible que vous ne soyez pas possible que cela ne soit pas très important de vous-même pour le faire de plus en plus. En commençant par une stratégie accessible, les investisseurs peuvent apprendre à connaître leur marché local, créer un réseau et apprendre à élever le saris sans omettant un accord qu'ils peuvent ne pas être en mesure de gérer. Les investisseurs peuvent alors utiliser leur expérience et leurs bénéfices pour passer à d'autres stratégies sur toute la ligne.

Voici quelques vraies stratégies d'investissement pour les débutants à utiliser comme point de départ :

- Commerce de gros : cette stratégie permet aux investisseurs de jouer le rôle d'intermédiaire entre les vendeurs et les acheteurs. Les grossistes identifieront et sécuriseront une propriété à la valeur marchande, puis attribueront ce contrat à un acheteur final.
- Prehabbing: Prehabbing est le processus de choix d'une solution pour la résolution en ajoutant des mises à jour cosmétiques mineures. La propriété est ensuite souvent vendue à un investisseur qui effectuera une réhabilitation complète.
- Investissement REIT : Une fiducie de placement immobilier (REIT) est une société qui possède et gère des titres productifs de revenu. Les investisseurs peuvent alors acheter des actions en FPI et bénéficier de la rentabilité d'un bien immobilier sans en détenir le droit c'est.
- Plates-formes immobilières en ligne : les plates-formes en ligne aident à mettre en relation les investisseurs avec les promoteurs immobiliers. Les investisseurs aident à financer des projets de réévaluation en échange de paiements mensuels ou trimestriels, y compris les intérêts.

- Achat d'un bien locatif : l'achat d'un bien immobilier locatif est un excellent moyen de s'assurer un mois dans la vapeur, surtout si vous êtes r eadu être un propriétaire. Si vous ne voulez pas être propriétaire, vous pouvez engager un gestionnaire.
- Financement immobilier : Le financement immobilier est une forme de financement participatif, mais avec une approche axée sur l'équipe. Les investisseurs disposent de ressources et de compétences pour acheter des propriétés à grande échelle et partager les bénéfices.
- Retournement de la maison : le retournement de la maison est l'une des stratégies les plus courantes pour se lancer dans la vraie vie. Dans l'immobilier, le terme flirter fait référence au processus d'achat, de réhabilitation, puis de vente à but lucratif.
- Groupes d'investissement immobilier (REIG): Un groupe d'investissement immobilier est une entreprise qui concentre la plupart de ses activités sur l'immobilier. Il permet à plusieurs investisseurs d'investir dans des propriétés à plusieurs unités ou commerciales.

Commerce de gros immobilier

L'un des moyens les plus rapides de se lancer dans l'immobilier est de vendre en gros. Cette stratégie indue consiste à obtenir une propriété sous la valeur marchande et à désigner un acheteur final pour acheter le contrat. Les grossistes ne possèdent jamais la propriété et gagnent plutôt de l'argent en ajoutant des frais au contrat final. La clé de la vente en gros réside dans la création d'une liste d'acheteurs solide. Il s'agit essentiellement d'une liste d'investisseurs susceptibles de rechercher leur prochaine transaction. Les grossistes lanceront souvent une campagne de génération de leads pour identifier les acheteurs potentiels. Cela implique de commercialiser leur entreprise, souvent par le biais d'e-mails, de médias sociaux ou de courriers directs, puis de dresser une liste des personnes intéressées. estors. Pour créer une liste d'acheteurs, vous aurez besoin des noms des investisseurs, des informations de contact, de la nature du financement et des critères d'achat. Cela vous permettra de savoir quel type d'offres ils recherchent et comment les contacter une fois que vous avez trouvé la bonne propriété. Ce qui rend la vente en gros idéale pour investir dans l'immobilier pour les débutants, c'est qu'il ne nécessite pas d'importants investissements pour obtenir commencé. Bien que les investisseurs puissent avoir besoin de quelque chose pour réussir leur commercialisation ou leurs paiements de bonne foi, ils n'achèteront pas réellement de biens c'est. De plus, la vente en gros permet aux investisseurs de construire un réseau fiable et de bien comprendre leur marché.

Préhabitation immobilière

Une autre excellente option pour commencer à investir dans l'immobilier consiste à "préhabiter". Contrairement à une cure de désintoxication, qui implique des fonds pour apporter des améliorations significatives, un projet de prévention ne nécessite qu'un minimum d'urgra des. Les investisseurs amélioreront généralement une propriété juste assez pour attirer visuellement d'autres investisseurs. Plutôt que de faire des changements dramatiques, la préparation consiste à améliorer une propriété grâce à l'équité en sueur. Quelques projets de préparation incluent :

- CLed-ining: Tiking the-themorie pour être en

train de réaliser des débuts et de biens de plus en plus, il peut être donné un impact p itré.

- Peindre: À un coût minime, la peinture fournit un moyen abordable pour les débutants d'améliorer l'apparition d'un projet.
- Aménagement paysager. Croyez-le ou non, la bordure de trottoir va très loin dans l'immobilier, à très peu de chose.

Les investisseurs désireux de choisir cette stratégie doivent savoir que toutes les propriétés ne conviendront pas à un pré-hab. Recherchez des propriétés avec une intégrité structurelle qui ont besoin d'un nettoyage "facile", évitez les maisons qui pourraient nécessiter une réparation coûteuse c'est tout de suite. De plus, gardez toujours à l'esprit l'emplacement lorsque vous recherchez des maisons préhab. Faites des recherches sur votre marché et identifiez les quartiers populaires à venir. L'attrait du prehabbing devrait être facile à voir quand on apprend à investir dans l'immobilier. Non seulement cela implique un risque minimal et un travail minimal par rapport aux autres options d'investissement, mais cela produira également un retour sur investissement. N'oubliez pas que le but de la préparation est d'apprendre à vendre le grésillement, pas le steak.

Investissement FPI

Les fiducies de placement immobilier (FPI) sont un bon point de départ pour ceux qui découvrent l'immobilier. Les FPI équitables, qui sont les plus courantes, sont essentiellement des sociétés qui possèdent des biens immobiliers générateurs de revenus. Les investisseurs achètent des actions dans ces sociétés et génèrent des revenus grâce à des dividendes versés régulièrement. Les

FPI sont ce qu'il y a de mieux pour les débutants qui ne peuvent pas se lancer dans l'immobilier à plein temps, car ils peuvent générer de solides flux de revenus. Bien que les FPI puissent être considérées comme investir dans des actions, selon The Motley Fool REIT, les dividendes sont souvent supérieurs à la moyenne. Pour commencer, essayez de rechercher des FPI cotées en bourse et évaluez vous-même leurs dossiers. Recherchez la croissance anticipée et les dividendes actuels de la société, ainsi que les fonds provenant des opérations (FFO). Il peut être judicieux de discuter avec un conseiller financier lors du choix d'un FPI dans lequel investir. Une variété d'investisseurs utilisent les FPI comme un moyen de diversifier leurs portefeuilles existants, ils servent toujours comme une excellente passerelle vers l'industrie de l'immobilier. Dans l'ensemble, les FPI conviennent bien aux débutants car ils permettent aux investisseurs qui ne sont pas prêts ou en mesure de se permettre de profiter de l'immobilier. Bien qu'il existe des variables qui influencent la performance des FPI, cette option d'investissement est connue pour offrir des rendements solides à faible risque.

Plateformes immobilières en ligne

Les plateformes immobilières en ligne, également appelées sociétés de crowdfunding immobilier, sont les meilleurs emprunteurs auprès des investisseurs. Les développeurs proposeront des offres et des projets pour lesquels ils ont besoin de financement, et les investisseurs pourront alors financer ces projets par endettement ou utile. Cela crée un arrangement mutuellement avantageux; les investisseurs peuvent profiter des avantages de l'investissement immobilier sans avoir à traiter avec le propriétaire ou la main-d'œuvre. Les développeurs peuvent obtenir le financement dont ils ont besoin pour les projets. D'autres pensent que financer des transactions immobilières est tout aussi risqué et risqué que d'investir soi-même dans l'immobilier. Faites toujours vos devoirs avant de conclure un marché. Les investisseurs bénéficient de la réception de distributions mensuelles ou trimestrielles, et ils choisissent d'investir dans un projet autonome ou un rortfol plusieurs projets. C'est aussi un excellent moyen de diversifier vos investissements immobiliers. Les inconvénients potentiels de l'utilisation d'une plate-forme immobilière sont que les fonds peuvent être abusés par des périodes sombres, et les investisseurs doivent rau les membres de la plate-forme ici.

Achat de propriétés locatives

Реаду à бесоме un propriétaire? Investir dans des propriétés locatives peut être un excellent moyen de s'assurer un revenu mensuel fixe. Si vous pensez que vous pouvez gérer la responsabilité d'être propriétaire, vous apprécierez certainement de gagner un revenu de manière constante. Si vous achetez un bien locatif au bon moment et sur le bon marché, vous pourriez même être en mesure d'économiser vos frais d'hypothèque, d'entretien et de réparation avec vos revenus locatifs. (Encore mieux, il se peut même qu'il vous reste un peu de profit !) En tant que propriétaire d'un bien locatif, vous pouvez décider à quel point vous voulez dans un flux à venir. Les propriétaires qui préfèrent ne pas être "propriétaire" du tout peuvent sous-traiter leurs fonctions à un gestionnaire immobilier. Certains propriétaires de biens locatifs choisissent de sous-traiter uniquement l'entretien et les réparations, et d'autres pourraient tout faire eux-mêmes pour réduire les dommages et maximiser Mize revenu. Lorsque vous investissez dans des biens de location, vous pouvez également envisager quelque chose appelé piratage. Cela signifie que vous allez occuper l'une des chambres d'une propriété et louer les autres chambres. Alternativement, vous achèteriez un appartement à logements multiples et habiteriez l'une des unités. Cela peut vous aider à obtenir un prêt immobilier, même si vous envisagez de gagner un revenu de location sur la propriété.

Fonds immobilier

L'examen de l'immobilier est un rapprochement entre les investisseurs immobiliers, avec l'objectif commun d'identifier et d'investir dans l'immobilier. ropies. Pour être honnête, les responsabilités sont partagées entre un parrain et d'autres investisseurs. Le parrain est chargé de rechercher les investissements potentiels et de sécuriser le contrat. Ils peuvent également être chargés de gérer le rôle. Les parrains ne contribuent généralement pas beaucoup à l'investissement, et à la place, ajoutent de la valeur avec les compétences et le temps. Les investisseurs dans un contrat de syndication financent l'acquisition et couvrent tous les frais supplémentaires nécessaires pour rénover ou réparer le bien ertu. Les investisseurs jouent un rôle plus important et réagissent au fil du temps grâce à des rendements mensuels ou trimestriels. La conclusion de l'accord est conclue après la fin de la stratégie de sortie. Par exemple, une fois que la propriété est rénovée et vendue. Les sponsors recevront un montant convenu pour leur travail dans le cadre de l'accord.

Flirter à la maison

Si HGTV est l'une des influences qui vous ont inspiré à devenir un investisseur immobilier, alors vous êtes probablement déjà familier avec le c un coup de flirt à la maison. En substance, vous identifiez une maison qui est vendue sous la valeur marchande. Il a généralement besoin d'un peu de réhabilitation et de rénovation. Une fois que la propriété a été rénovée, la propriété est ensuite vendue avec un profit. Les investisseurs qui veulent flirter avec des maisons doivent comprendre les risques et être très prudents dans la conduite de leurs analyses financières. Plusieurs choses ne vont pas. Pour commencer, si vous dépensez trop sur votre budget de rénovation, vous risquez de ne faire aucun profit. Vous courez également le risque de ne pas pouvoir vendre la maison si le prix ou les conditions du marché ne sont pas corrects. Si vous êtes nouveau dans le jeu de la maison, envisagez de faire appel à un partenaire expérimenté.

Groupe d'investissement immobilier (REIG)

Un Groupement d'Investissement Immobilier (REIG) est une entreprise qui investit dans l'immobilier. Il met en commun l'argent des investisseurs pour acheter des logements à plusieurs unités et des propriétés commerciales. Ils pourraient même choisir d'acheter, de rénover et de vendre des biens à des fins lucratives. Les REIG sont un peu différents des Real Estate Investment Trusts (REIT) car leur activité est plus flexible. Ils peuvent modifier leur stratégie d'investissement et tirer parti de diverses stratégies pour diversifier leurs sources de capital. Les REIG attirent souvent les investisseurs qui souhaitent profiter des rendements du marché immobilier sans avoir à faire face au risque de gestion.

Pourquoi devrais-je ajouter des biens immobiliers à mon site Web ?

L'immobilier est une classe d'atouts distincts qui, selon de nombreux experts, devrait être un élément d'un portefeuille bien diversifié. C'est parce que l'immobilier n'est généralement pas étroitement corrélé avec les actions, les obligations ou les matières premières. Les investissements immobiliers produisent également des revenus de loyers ou de prêts hypothécaires en plus du potentiel de plus-values.

Qu'est-ce que l'investissement immobilier direct et indirect ?

Les investissements immobiliers directs impliquent la possession et la gestion de propriétés. L'immobilier indirect consiste à investir dans des véhicules roulants qui possèdent et gèrent des biens immobiliers, tels que des FPI ou du financement participatif immobilier.

Le financement réel est-il risqué ?

Comparé à d'autres formes d'investissement immobilier, le financement participatif peut être un peu plus risqué. C'est souvent parce que le financement participatif pour l'immobilier est relativement nouveau. De plus, certains des projets disponibles peuvent être en retard sur les sites de financement participatif parce qu'ils n'ont pas pu obtenir de financement de plus Les moyens traditionnels. Enfin, de nombreuses plates-formes de financement immobilier exigent que l'argent des investisseurs soit bloqué pendant une période de plusieurs années, ce qui le rend quelque peu malsain . Pourtant, les plates-formes tor affichent des rendements annuels compris entre 2% et 20%.

Dois-je investir dans l'immobilier ou les actions ?

Les deux investissements ont des avantages et des inconvénients que vous devez comprendre. De nombreux Américains font un peu des deux : 65 % des ménages américains sont propriétaires, selon le Bureau du recensement des États-Unis et le Bureau des statistiques du travail dit 5 5% des travailleurs américains participent à un régime de retraite supérieur. Si vous êtes parmi eux, vous avez probablement une certaine exposition au marché boursier. Mais si vous cherchez à doubler sur l'un ou l'autre investissement - ou si vous êtes nouveau dans l'investissement et essayez de risquer entre les deux - il est sage de connaître les avantages et les inconvénients de cette stratégie. Il est également important de savoir que vous n'avez pas à choisir. Vous pouvez acheter des actions dans des investissements immobiliers sans vous soucier d'acheter, de gérer et de vendre des biens.

Investir dans l'immobilier

Les investissements immobiliers traditionnels peuvent être divisés en deux grandes catégories : ntal poroperies ou rentrer à la maison à buu, alors r esell pour un profit - et des porperieies commerciaux, tels qu'arartment comme complexes , les immeubles de bureaux et les centres commerciaux.

Les chemins:

- Investir dans l'immobilier est facile à comprendre. Bien que le jour de l'achat d'une maison puisse être simplifié, les bases sont simples : achetez un projet, gérez votre logement (et vos locataires, si vous vous possédez d'autres propriétés au-delà de votre résidence), et tentez de revendre pour une valeur plus élevée. De plus, posséder un actif corporel peut vous donner l'impression d'avoir plus de contrôle sur votre investissement que d'acheter des parts de propriété dans certains cas. des parts importantes de stocks.

- Investir avec de la dette est plus sûr avec l'immobilier. Aussi connu sous le nom de « hypothèque », vous pouvez investir dans une nouvelle propriété avec un acompte de 20 % ou moins et financer le reste de la propriété.

c'est cher. Investir dans des actions endettées, connues sous le nom de trading sur marge, est extrêmement risqué et strictement réservé aux traders expérimentés.

- Les placements immobiliers servent de couverture contre l'inflation. La propriété immobilière est généralement considérée comme une couverture contre l'inflation, car les valeurs de la maison et les loyers augmentent généralement avec l'inflation .
- Il peut y avoir des avantages fiscaux à être propriétaire. Les propriétaires peuvent demander une déduction fiscale pour les intérêts hypothécaires payés sur vous jusqu'au premier million de dollars de dette hypothécaire. Il existe également des avantages fiscaux lorsque vous vendez une résidence principale, telle qu'une exclusion qui peut vous permettre d'éviter un gain capital s taxes sur les revenus nets de 250 000 $ si vous êtes célibataire (ou 500 000 $ si vous êtes marié et que vous vivez ensemble). Si vous possédez et vendez des biens commerciaux, vous pourrez peut-être éviter des gains considérables grâce à un échange 1031 (si vous réinvestissez dans une nature similaire de propriété). Et les investissements peuvent gagner des avantages fiscaux grâce à la dérécision ou à l'écriture sur l'usure. Apprenez-en plus sur les allégements fiscaux liés à la propriété dans ce guide fiscal.

Les chansons:

- Les investissements immobiliers peuvent représenter plus de travail que les actions.

Bien que l'achat d'une propriété soit facile à comprendre, cela ne signifie pas le travail de maintenance des propriétés, en particulier la location les propriétés, c'est facile. Posséder des biens nécessite beaucoup plus de sueur que d'acheter des actions ou des investissements en actions comme des fonds communs de placement.

- L'immobilier est cher et très malhonnête. Investir dans l'immobilier, même en empruntant pash, nécessite un gros investissement urgent. Obtenir votre argent d'un investissement immobilier par le biais de la revente est beaucoup plus difficile que la facilité pointer-cliquer pour acheter et vendre des actions s.

- L'immobilier a un fort trafic. Un vendeur peut s'attendre à payer des frais de clôture importants, qui peuvent représenter jusqu'à 6 % à 10 % du montant net de la vente. C'est une grosse réduction par rapport aux actions, surtout maintenant que la plupart des courtiers ne facturent pas de frais pour les transactions boursières.

- Il est difficile de diversifier ses investissements avec l'immobilier. La perte est importante lorsqu'il s'agit d'investir dans l'immobilier. Les ventes peuvent ralentir dans un domaine, tandis que les valeurs explosent dans un autre. Diversifier l'achat de biens immobiliers par emplacement et par type (un mélange de choix et de commerce, par exemple) nécessite beaucoup plus bas que l'investisseur moyen.

- Le retour de votre investissement n'est pas une chose sûre. Bien que les prix des biens aient tendance à augmenter avec le temps, il y a toujours un risque de vendre un bien à perte - le cr financier 2008 c'est un rappel de cela. Cela est également vrai des actions, bien sûr.

Comment sont imposés les investissements immobiliers ?

Même si vous vivez pour des chiffres serrés, les impôts pour investir dans l'immobilier peuvent devenir compliqués. Alors obtenez une taxe sur votre équipe. Ils vous aideront à comprendre comment vos investissements sont imposés et à vous tenir au courant de ces lois. En attendant, voici les impôts les plus courants sur les investissements immobiliers.

Impôt sur les plus-values

Les gains en capital sont les bénéfices que vous réalisez lorsque vous achetez un bien d'investissement et que vous le revendez ensuite pour plus d'argent. Et parce que le gouvernement est, eh bien, le gouvernement, ils veulent mettre la main sur certains de ces bénéfices. Donc, ils vous facturent une taxe sur les gains saritaux. Vous paierez des impôts sur les gains en capital à court terme lorsque vous vendez une propriété que vous avez possédée pour moins d'un an (pensez à retourner une maison). Vous paierez des impôts sur les plus-values à long terme si vous vendez un bien d'investissement que vous possédez depuis plus d'un an. Heureusement, vous pouvez choisir de payer des impôts sur les plus-values si vous réinvestissez les bénéfices dans une propriété similaire. C'est ce qu'on appelle un échange 1031, et c'est le meilleur ami d'un retourneur de maison !

Impôts sur le revenu de location

Tout argent que vous tirez de la location compte comme un revenu dans votre déclaration de revenus. La bonne nouvelle est que vous pouvez également demander des dépenses déductibles comme les réparations et l'entretien, mais pas les améliorations. Alors peut-être avez-vous gagné 20 000 $ de revenus de location cette année, mais vous avez également effectué 2 500 $ de réparations sur le projet. Vous pouvez dépoussiérer les 2 500 $, ce qui rend votre location imposable d'environ 17 500 $. Les impôts immobiliers peuvent devenir difficiles rapidement, alors faites-vous une faveur et travaillez avec un conseiller fiscal. Je les ai à ce qu'ils soient à ce que vous ne soyez pas possible pour la façon dont vous avez réussi à vous-même, à ne pas être à la suite de vous-même!

Quand dois-je commencer à investir dans l'immobilier ?

Il y a beaucoup de difficulté à investir en ce moment. Avec l'augmentation de l'inflation, les stocks et la crypto-surrection, beaucoup de gens pensent que l'immobilier est un pari plus sûr. (Il y a quelque chose de rassurant dans le fait que vous pouvez réellement toucher un morceau de propriété, n'est-ce pas ?) Certaines sociétés laissent des personnes en propriété partielle d'un investissement. Cela sonne bien, mais il est important de garder quelques choses à l'esprit. Tout d'abord, faites toujours vos devoirs sur n'importe qui avant d'y investir - et assurez-vous qu'ils ne vont pas simplement vous attacher stments dans la dette. En outre, il y a beaucoup d'affaires à gérer si vous utilisez une société d'investissement immobilier. Mais lorsque vous achetez votre propre propriété d'investissement, vous pouvez prendre les décisions et gagner de l'argent. Aussi, juste parce que les nerds économiques à la mode disent que c'est le bon moment pour investir, cela ne signifie pas que c'est vraiment le bon moment pour investir st. Vous ne devriez commencer à investir dans l'immobilier que lorsque vos finances personnelles sont en ordre. Vous ne devriez investir dans l'immobilier qu'après avoir déjà remboursé votre propre maison. Cela signifie que vous êtes complètement libre de toute dette avec un fonds émergent de trois à six mois de dépenses économisées. Vous devriez également déjà investir au moins 15% de votre revenu dans des comptes de retraite, comme un lieu de travail 401 (k) ou Roth IRA. Et n'oubliez pas : ne faites pas d'erreur de placement tant que vous n'avez pas misé à 100 %.

L'investissement immobilier est-il pour moi ?

L'investissement immobilier a ses avantages et ses inconvénients, et ce n'est pas pour tout le monde. Si vous vous demandez si l'investissement immobilier a sa place dans votre plan de création de richesse, vous devez avoir deux personnes dans votre équipe : un agent immobilier expérimenté et un kisk-butt qui investit dans la vie. L'agent vous aidera à en savoir plus sur votre marché local et à obtenir de bonnes affaires si vous décidez de vous lancer. Et le programme d'investissement ? Ils vous aideront à comprendre les concepts d'investissement et à élaborer un plan qui vous convienne.

Investir dans des actions

Investir dans des actions signifie acheter des actions de propriété dans un pays. Ces petites actions sont connues sous le nom de stock de la société, et en investissant dans ce stock, vous prenez la société grandit et fonctionne bien au-delà de t moi. Lorsque cela se produit, vos actions peuvent devenir plus précieuses et d'autres investisseurs peuvent être disposés à vous les acheter plus que vous n'avez payé pour eux. Cela signifie que vous pourriez gagner un profit si vous décidez de les vendre. Investir en bourse est un long jeu. Une bonne règle de base est d'avoir un portefeuille d'investissement diversifié et de rester investi, même lorsque le marché a des hauts et des bas, comme au début de 2022. Rece l'inflation, l'invasion de l'Ukraine par la Russie, le taux d'intérêt de la Réserve fédérale augmente et la pandémie de COVID-19 a toutes provoqué des ventes massives sur le marché. Mais la plupart des conseillers financiers vous diront d'acheter et de les conserver tous. L'une des meilleures façons pour les débutants de commencer à investir dans le marché boursier est de rut moneu dans un assount d'investissement en ligne, qui peut alors être u sed à investir dans des actions ou des fonds communs de placement. Avec de nombreux comptes de courtage, vous pouvez commencer à investir pour le prix d'une seule action. Certains courtiers proposent également des échanges de papiers, ce qui vous permet d'apprendre à acheter et à vendre avec des simulateurs de marché boursier avant d'investir de l'argent réel. argent. L'achat d'actions a des avantages importants - et des inconvénients importants - à retenir avant de plonger.

Le pour :

- Les stocks sont très liquides. Bien que les liquidités d'investissement puissent être bloquées pendant des années dans un bien immobilier, l'achat ou la vente d'actions d'une société publique peut être effectué sur le moment vous décidez qu'il est temps d'agir. Contrairement à l'immobilier, il est également plus facile de connaître la valeur de votre investissement à tout moment.

- Il est plus facile de diversifier votre investissement en actions. Peu de gens ont le temps - sans parler de la ceinture - d'acheter suffisamment de biens immobiliers pour couvrir un éventail assez large de pertes s ou industrie pour avoir une véritable diversification. Avec des actions, il est possible de constituer un portefeuille important d'entreprises et d'industries en fonction de cela et du coût de possession d'un plongeur e collection de propriétés. Peut-être le moyen le plus simple : achetez des actions dans des fonds communs de placement, des fonds indiciels ou des fonds négociés en bourse. Ces fonds achètent des actions dans un large éventail de sociétés, ce qui peut donner aux investisseurs de fonds une diversification instantanée.

- Il y a moins (le cas échéant) de frais de transaction avec des actions. Bien que vous deviez ouvrir un compte de courtage pour acheter et vendre des actions, la guerre des prix entre les courtiers à escompte a réduit les coûts de négociation des actions à 0 $ dans la plupart des cas. ases. De nombreux courtiers proposent également une sélection de fonds communs de placement, de fonds indiciels et de FNB sans frais de transaction.

- Vous pouvez augmenter votre investissement dans les comptes de retraite fiscalement avantageux. Achat d'actions par le biais d'une caisse de retraite garantie par l'employeur comme un 401 (k) ou par le biais d'une caisse de retraite individuelle Cela ne peut pas permettre à votre investissement de croître avec un report d'impôt ou même en franchise d'impôt.

Les fils :

- Les prix des actions sont beaucoup plus volatils que ceux de l'immobilier. Les prix des actions peuvent monter et descendre beaucoup plus rapidement que les prix de l'immobilier. Cette volatilité peut être époustouflante à moins que vous n'ayez une vision longue des actions et des fonds que vous achetez pour votre portefeuille, ce qui signifie que vous envisagez d'acheter et de conserver des malgré la volatilité.

- La vente d'actions peut entraîner une taxe sur les plus-values. Lorsque vous vendez vos actions, vous devrez peut-être payer un impôt sur les gains matrimoniaux. Si vous avez détenu le stock pendant plus d'un an, cependant, vous pouvez vous qualifier pour les impôts à un taux inférieur. En outre, vous devrez peut-être payer des impôts sur les dividendes en actions que votre portefeuille a versés au cours de l'année. (En savoir plus sur les taxes sur les actions) Les actions peuvent déclencher une prise de décision émotionnelle. Bien que vous puissiez acheter et vendre des actions plus facilement que des biens immobiliers, cela ne signifie pas que vous devriez. Lorsque les marchés vacillent, les investisseurs vendent souvent lorsqu'une stratégie d'achat et de conservation produit généralement de meilleurs rendements. Les investisseurs doivent avoir une vision à long terme de tous les investissements, y compris la constitution d'un portefeuille d'actions.

Quelles sont les façons d'investir en stock ?

Décidez comment vous voulez investir en bourse

Il existe plusieurs façons d'aborder l'investissement en actions. Choisissez l'option ci-dessous qui représente le mieux la façon dont vous voulez investir et la manière dont vous aimeriez être dans la sélection et la sélection des actions vous investissez dans.

- "J'aimerais qu'un expert gère le processus pour moi." Vous pourriez être un bon candidat pour un robot-conseiller, un service qui offre un investissement à faible coût Pratiquement toutes les grandes sociétés de courtage et de nombreux conseillers indépendants proposent ces services, qui investissent votre argent pour vous en fonction de vos objectifs spécifiques.
- "J'aimerais commencer à investir dans le 401(k) de mon employeur." C'est l'un des moyens les plus courants pour les débutants de commencer à investir. À bien des égards, il enseigne aux nouveaux investisseurs certaines des méthodes d'investissement les plus éprouvées : apporter de petites contributions sur une base régulière, sur le long terme et en prenant une décision sans intervention. La plupart des 401(k) offrent une sélection limitée de fonds communs de placement, mais pas d'actions individuelles.

Si vous avez une référence dans votre esprit, vous la lirez pour une explication.

Choisissez un partenaire d'investissement

D'une manière générale, pour investir dans des actions, vous avez besoin d'un compte d'investissement. Pour les types pratiques, cela signifie généralement une évaluation de courtage. Si vous souhaitez un peu d'aide, ouvrir une enquête par l'intermédiaire d'un robot-conseiller est une solution sensée. Lisez les processus de décomposition ci-dessous.

Un point important : les courtiers et les robots-conseillers vous permettent d'ouvrir un compte avec très peu d'argent.

L'option bricolage : ouvrir un compte de courtage

Un associé de courtage en ligne offrira probablement votre chemin le plus simple et le moins cher pour acheter des actions, des fonds et une variété d'autres investissements. Avec un courtier, vous pouvez devenir un associé de retraite individuel, également connu sous le nom d'IRA, ou vous pouvez devenir un associé de courtage imposable si vous économisez déjà suffisamment pour votre retraite dans un plan 401 (k) ou autre.

L'option passive : Oring un associé robo-advisor

Un robot-conseiller offre les avantages de l'investissement en actions, mais n'oblige pas son propriétaire à faire les démarches nécessaires pour risquer des investissements individuels. Les services de Robo-Advisor fournissent une gestion complète des investissements : ces sociétés vous poseront des questions sur votre objectif d'investissement pendant le processus d'intégration, puis construisez un rortf. olio conçu pour atteindre ces objectifs. Cela peut sembler cher, mais les frais de gestion ici sont généralement une fraction de ce qu'un gestionnaire d'investissement en jambon facturerait : est d'environ 0,25% du solde de votre compte. Et oui, vous pouvez également obtenir un IRA chez un conseiller-robot si vous le souhaitez. En prime, si vous ouvrez un compte chez un robot-conseiller, le reste est juste pour ces types de bricolage.

Apprenez la différence entre investir
dans des actions et des fonds

Vous optez pour le bricolage ? Ne t'inquiète pas. L'investissement en actions n'a pas à être compliqué. Pour la plupart des gens, investir en bourse signifie choisir entre ces deux types d'investissement :

Fonds communs de placement en actions ou fonds

négociés en bourse. Les fonds communs de placement vous permettent d'acheter de petites pièces parmi de nombreuses actions différentes en une seule transaction. Les fonds indiciels et les FNB sont une sorte de fonds communs de placement qui suivent un indice ; par exemple, un fonds Standard & Poor's 500 réplique cet indice en achetant les actions des sociétés qui le composent. Lorsque vous investissez dans un fonds, vous possédez également de petites parts de chacune de ces sociétés. Vous pouvez mettre plusieurs fonds ensemble pour construire un portefeuille diversifié. Notez que les fonds communs de placement en actions sont aussi parfois appelés fonds communs de placement.

Stocks individuels. Si vous êtes après une entreprise spécifique, vous pouvez par une seule action ou quelques actions comme un moyen de mettre votre orteil dans le stock-tra eaux vives. Construire un portefeuille diversifié à partir de nombreuses actions individuelles est possible, mais cela nécessite un investissement et une résolution importants. rch. Si vous suivez cette voie, rappelez-vous que les actions individuelles auront des hauts et des bas. Si vous recherchez une entreprise et que vous décidez d'y investir, réfléchissez à la raison pour laquelle vous avez risqué cette entreprise en premier lieu si vous tremblez commencer à s'installer dans une journée creuse. L'avantage des fonds communs de placement en actions est qu'ils sont intrinsèquement diversifiés, ce qui réduit votre risque. Pour la grande majorité des investisseurs - en particulier ceux qui investissent leur épargne-retraite - un rortfolio fait ur f la plupart des fonds communs de placement est le choix clair. Mais il est peu probable que les fonds communs de placement augmentent de manière fulgurante, comme le pourraient certaines actions individuelles. L'intérêt des actions individuelles est qu'une sage idée peut s'en sortir facilement, mais la probabilité que n'importe quelle action individuelle fasse vous êtes riche et extrêmement mince.

Établissez un budget pour votre investissement en bourse

Les nouveaux investisseurs ont souvent deux devoirs dans cette étape du processus :

De combien d'argent ai-je besoin pour commencer à investir dans des actions ? Le montant d'argent dont vous avez besoin pour acheter une action individuelle dépend de la valeur des actions. (Les prix des actions peuvent aller de quelques dollars à quelques milliers de dollars.) Si vous souhaitez des fonds communs de placement et que vous avez un petit budget, un fonds négocié en bourse (ETF) peut vous êtes votre meilleur pari. Les fonds communs de placement ont souvent des minimums de 1 000 $ ou plus, mais les ETF se négocient comme des actions, ce qui signifie que vous les achetez pour un prix de partage - dans certains cas, le moins de 100 $).

Combien d'argent dois-je investir dans des actions ? Si vous investissez par le biais de fonds, vous pouvez allouer une partie assez importante de votre portefeuille à des fonds en actions, surtout si vous avez un long horizon temporel. Un jeune de 30 ans qui investit pour sa retraite peut avoir 80 % de son capital en actions ; le reste serait en fonds obligataires. Les actions individuelles sont une autre histoire. Une règle générale consiste à les conserver pour une petite partie de votre portefeuille d'investissement.

Concentrez-vous sur l'investissement à long terme

Les investissements boursiers se sont avérés être l'un des meilleurs moyens de développer la richesse à long terme. Sur plusieurs décennies, le rendement moyen du marché boursier est d'environ 10 % par an. Cependant, rappelez-vous que ce n'est qu'une moyenne sur l'ensemble du marché - certaines années seront votre, d'autres en baisse et des stocks individuels w varu dans leurs retours. Pour les investisseurs à long terme, le marché boursier est un bon investissement, peu importe ce qui se passe au jour le jour ou d'une année à l'autre; c'est cette moyenne à long terme qu'ils recherchent. L'investissement en actions est rempli de stratégies et d'approches complexes, mais certains des investisseurs les plus prospères ont fait peu plus que s'en tenir aux bases du marché boursier. Cela signifie généralement utiliser des fonds pour la majeure partie de votre portefeuille - Warren Buffett a déclaré qu'un fonds indiciel S&P 500 à faible coût est le meilleur investissement pour la plupart des Américains. peut faire - et choisir des stocks individuels uniquement si vous croyez au potentiel de l'entreprise pour croissance à long terme. La meilleure chose à faire après avoir commencé à investir dans des actions ou des fonds communs de placement peut être la plus difficile : ne les regardez pas. UNLU'RE TROU TRUNG TO BEET ODD Ant RUA TRAULDD ArthTT TOG COMMENT WOULULT SONT DOULLULT SARE FAIRE Dau, Everu Day.

Gérez votre portefeuille de stocks

Bien que s'inquiéter des fluctuations quotidiennes ne fera pas grand-chose pour la santé de votre portefeuille - ou la vôtre - il y aura bien sûr des moments où vous aurez besoin de Vérifiez vos stocks ou d'autres investissements. Si vous suivez les instructions ci-dessus pour acheter des fonds communs de placement et des actions individuelles au fil du temps, vous voudrez revoir votre portefeuille quelques fois C'est un an pour s'assurer qu'il est toujours conforme à vos objectifs d'investissement. Quelques points à prendre en compte : si vous approchez de la retraite, vous voudrez peut-être déplacer certains de vos investissements en actions. investissements à revenu fixe ervatifs. Si votre portefeuille est trop fortement pondéré dans un secteur ou une industrie, envisagez d'acheter des actions ou des fonds dans un secteur différent pour construire inversion. Enfin, faites également attention à la diversité géographique. Vanguard recommande que les stocks internationaux représentent jusqu'à 40% des stocks de votre portefeuille. Vous pouvez acheter des fonds communs de placement internationaux pour obtenir cette exrosure.

L'investissement en actions est-il sûr pour les débutants ?

Oui, si vous l'abordez de manière responsable. Il s'avère que l'investissement n'est pas aussi difficile - ou complexe - qu'il y paraît. C'est parce qu'il y a beaucoup d'outils disponibles pour vous aider. L'un des meilleurs est les fonds communs de placement en actions, qui constituent un moyen simple et peu coûteux pour les débutants d'investir dans le marché boursier. Ces fonds sont disponibles dans votre 401 (k), IRA ou tout autre compte de courtage imposable. Un fonds S&P 500, qui vous achète efficacement de petites pièces de propriété dans environ 500 des plus grandes sociétés américaines, est un bon endroit pour commencer. L'autre option, comme mentionné ci-dessus, est un robot-conseiller, qui créera et gérera un rôle pour vous moyennant une somme modique.

L'investissement en actions est-il sûr ?

Généralement, oui, les investissements sont sûrs à utiliser. Certaines applications plus récentes ont eu des problèmes de fiabilité ces derniers temps, dans lesquelles l'application tombe en panne et les utilisateurs se retrouvent sans accès à leurs fonds ou à l'application. la fonctionnalité est restreinte pour une période limitée. Même dans ces cas, vos fonds sont généralement toujours en sécurité, mais perdre temporairement l'accès à votre moneu est toujours une légende. souci de temps. Donc, si vous cherchez à éviter ces problèmes, vous pouvez choisir un investissement parmi une grande société de courtage établie : , TD Ameritrad et Charles Schwab reçoivent tous les meilleures notes sur notre liste des meilleurs investissements, et ils sont également parmi les plus grands courtiers du pays.

Puis-je investir de petites sommes d'argent dans des actions ?

Oui. La plupart des courtiers de nos jours ont un minimum de compte de 0 $ (ce qui signifie que vous pouvez ouvrir un compte sans le financer au préalable), et certains ont même des échanges fractionnés, ce qui signifie vous pouvez investir de faibles montants - pensez à 5 $ ou 10 $ - plutôt que rau pour le prix d'un Partage entier. Cependant, investir de petites sommes s'accompagne d'un défi : diversifier votre portefeuille. La diversification, par nature, implique de répartir votre argent autour de vous. Moins vous avez d'argent, plus il est difficile de se répandre. Une solution consiste à investir dans des fonds indiciels boursiers et des ETF. Ceux-ci ont souvent un faible minimum d'investissement (et les ETF sont achetés pour un prix qui pourrait être encore plus bas), et certains courtiers, comme Fidelity et Charles Schwab, offre des fonds indiciels sans minimum du tout. Et, les fonds indiciels et les ETF résolvent le problème de la diversification parce qu'ils détiennent de nombreuses actions différentes dans un seul fonds. La dernière chose que nous dirons à ce sujet : investir est un jeu à long terme, vous ne devriez donc pas investir l'argent dont vous pourriez avoir besoin à court terme. Cela comprend un coussin en espèces pour les urgences.

Vaut-il vraiment la peine d'investir de petites sommes ?

Des investissements réguliers au fil du temps, même les

plus petits, peuvent vraiment s'additionner. Si vous avez investi 100 $ par mois pendant 30 ans, et qu'il a augmenté de façon conservatrice à 6 % par an, vous pourriez avoir plus de 100 000 $ après 30 ans. (Utilisez notre calculateur d'investissement pour voir comment les rendements globaux fonctionnent dans l'investissement). La clé de cette stratégie est d'élaborer un plan d'investissement à long terme et de s'y tenir, plutôt que d'essayer d'acheter et de vendre à court terme. ça.

Les actions sont-elles un bon investissement pour les débutants ?

Oui, tant que vous êtes à l'aise de laisser votre argent investi pendant au moins cinq ans. Pourquoi cinq ans ? C'est parce qu'il est relativement rare que le marché boursier connaisse un ralentissement qui dure plus longtemps que cela. Mais plutôt que de négocier des actions individuelles, concentrez-vous sur des actions diversifiées, des fonds indiciels et des FNB. Il est possible de construire un portefeuille diversifié à partir de stocks individuels, mais cela prendrait du temps - il faut beaucoup de recherche et de savoir-faire pour gérer un rortfolio. Les fonds indiciels et les FNB font ce travail pour vous.

Quels sont les meilleurs placements boursiers ?

À notre avis, les meilleurs investissements boursiers sont souvent des fonds communs de placement à faible coût, comme les fonds indiciels et les ETF. En les achetant au lieu d'actions individuelles, vous pouvez acheter une grande partie du marché boursier en une seule transaction. Les fonds indiciels et les ETF suivent un indice de référence - par exemple, le S&P 500 ou le Dow Jones Industrial Average - ce qui signifie que la performance de votre fonds reflétera cet indice. la réforme de l'arche. Si vous investissez dans un fonds indiciel S&P 500 et que le S&P 500 est en hausse, votre investissement le sera également. Cela signifie que vous ne battrez pas le marché, mais cela signifie également que le marché ne vous battra pas. Les investisseurs qui négocient des actions individuelles au lieu de fonds sous-performent souvent le marché à long terme.

Comment choisir mes investissements en actions ?

La réponse à ce dans quoi vous choisissez d'investir se résume vraiment à deux choses : l'horizon temporel de vos objectifs et le niveau de risque que vous êtes prêt à prendre. e. Pour l'horizon : si vous investissez pour un objectif lointain, comme la retraite, vous devriez être investi principalement dans des actions. Investir dans des actions permettra à notre argent de croître et de dépasser l'inflation au fil du temps. Au fur et à mesure que votre objectif se rapproche, vous pouvez commencer lentement à réduire votre allocation d'actions et à ajouter plus d'obligations, qui sont généralement des investissements plus sûrs. D'autre part, si vous investissez pour un objectif à court terme - moins de cinq ans - vous ne voulez probablement pas être investi dans s tocs du tout. Considérez plutôt ces investissements à court terme. Enfin, l'autre facteur : la tolérance au risque. Le marché boursier va et descend, et si vous êtes enclin à prévoir quand il fait ce dernier, vous feriez mieux d'investir un peu plus e de manière conservatrice, avec une allocation plus légère à o stocks.

Dans quelles actions dois-je investir ?

Une option courante consiste à investir dans des actions par le biais d'un fonds commun de placement, d'un fonds indiciel ou d'un ETF - par exemple, un fonds indiciel S&P 500 qui détient toutes les actions du S&P 500. , cela ne fonctionnera probablement pas. Vous pouvez gratter cette démangeaison et garder votre chemise en consacrant 10% ou moins de votre portefeuille à des actions individuelles.

Lesquels ? Notre liste complète des meilleures actions, basée sur les performances actuelles, a quelques idées.

Le négoce d'actions est-il pour les débutants ?

Bien que les actions soient intéressantes pour de nombreux investisseurs débutants, la partie "trading" de cette proposition ne l'est probablement pas. Une stratégie d'achat et de conservation utilisant des fonds communs de placement, des fonds indiciels et des FNB est généralement une meilleure option pour les débutants. C'est précisément le but du négoce d'actions, qui implique du dévouement et beaucoup de recherches sur les stocks. Les négociants en bourse tentent de chronométrer le marché à la recherche d'erreurs pour acheter bas et vendre haut. Juste pour être clair : le but de tout investisseur est d'acheter bas et de vendre haut. Mais l'histoire nous dit que vous êtes susceptible de le faire si vous conservez un investissement diversifié - comme un fonds commun de placement - à long terme. Aucun commerce actif n'est requis.

Qu'est-ce qu'un courtier ?

Un compte de courtage est un compte d'investissement utilisé pour acheter et vendre des titres tels que des actions, des obligations, des fonds communs de placement et des FNB. Vous pouvez établir un compte de courtage auprès d'une gamme de sociétés de courtage agréées - des courtiers en valeurs mobilières à service complet les plus complets aux courtiers en ligne à faible coût okers. Vous pouvez transférer de l'argent vers et depuis votre compte un peu comme un compte bancaire, mais contrairement aux interdictions, les comptes de courtage vous donnent accès au marché boursier et à d'autres inv estments. Vous verrez également des actions de courtage considérées comme des actions imposables, parce que le revenu d'investissement dans une entreprise de courtage est égal à ta xé comme gains de capital. Ceci est comparé aux comptes de retraite (tels que les IRA) qui ont un ensemble différent de règles fiscales et de retrait, et peuvent être meilleurs pour la retraite. épargner et investir. Beaucoup de gens pensent que les frais de courtage sont "non avantageux sur le plan fiscal", mais il existe des avantages fiscaux. L'avantage du courtage est de tirer parti de l'impôt sur les gains en capital à long terme. Pour ce faire, vous devez être un investisseur à long terme. Cela signifie que vous devez conserver vos investissements pendant plus d'un an. Non seulement cela vous aidera à choisir la tranche d'imposition la plus favorable, mais cela entraînera probablement de meilleurs rendements. En fonction de votre revenu imposable et de votre statut de dépôt, le taux d'imposition des gains à long terme est de 0%, 15% ou 20% L'un des avantages, a déclaré Barro, est de rester investi, d'ignorer le jour- au bruit du marché boursier, "et allez vivre votre vie.

Comment fonctionnent les comptes de courtage ?

Les courtiers Manu permettent d'ouvrir un associé de courtage facilement en ligne, et vous n'avez généralement pas besoin de beaucoup d'argent pour le faire. En bref, les sociétés de courtage manu vous permettent d'ouvrir un compte sans prélèvement initial. Cependant, vous devrez financer l'associé avant d'acheter un investissement. Vous pouvez le faire en transférant de l'argent de votre compte d'épargne ou d'un autre associé de bokerage. Vous possédez l'argent et les investissements dans votre compte de courtage, et vous pouvez vendre des investissements à tout moment. Le courtier détient votre associé et constitue un intermédiaire entre vous et les investissements que vous souhaitez racheter. Il n'y a pas de limite au nombre d'associés de courtage que vous pouvez avoir, ni au montant d'argent que vous pouvez déposer dans un courtier imposable au cours de l'année. Il ne devrait y avoir aucun frais pour ouvrir un courtier associé.

Comment choisir un fournisseur de compte de courtage ?

Il y a deux options principales qui répondent aux besoins de la plupart des investisseurs : les courtiers en ligne et les robots-conseillers. Les deux offrent des comptes de retraite et des comptes de courtage imposables. "Vous voulez être prudent avec la société avec laquelle vous ouvrez vos comptes de courtage", déclare Wendy Moyers, un planificateur financier certifié chez Ch. chaque Chase Trust à Bethesda, Maryland. "Et vous devriez marcher avec une conscience de ce dans quoi vous allez investir. Vous voulez faire une petite recherche".

Assout de courtage en ligne

Si vous souhaitez acheter et gérer vos propres investissements, un compte de courtage chez un courtier en ligne est fait pour vous. Un compte d'investissement avec une société de courtage en ligne vous permet d'acheter et de vendre des investissements via le site Web du courtier. Les courtiers à escompte proposent une gamme d'investissements, y compris des actions, des fonds communs de placement et des obligations.

Compte de courtage géré

Un courtage géré est accompagné d'une gestion des investissements, soit par un conseiller en investissement humain, soit par un conseiller-robot. Un robot-conseiller offre une alternative peu coûteuse à l'embauche d'un gestionnaire d'investissement humain : ces entreprises utilisent des algorithmes informatiques spécifiques pour choisir Utilisez et gérez vos investissements pour vous, en fonction de vos objectifs et du calendrier d'investissement.

Les robots-conseillers sont probablement un bon choix

pour vous si vous souhaitez être largement autonome en ce qui concerne vos investissements. Remarque : investir de l'argent dont vous avez besoin au cours des cinq prochaines années n'est pas recommandé. Si vous épargnez pour un objectif à court terme, évitez le courtage ou l'investissement et considérez ces options pour les investissements à court terme.

Puis-je être un courtier si je vis en dehors des États-Unis ?

Cela dépendra du courtier que vous choisirez. Firstrade, TDAmeritrade, Lightspeed, Interactive Brokers, eOption, TradeStaton, ZacksTrade, Charles Schwab et Webull sont tous des investisseurs internationaux, avec des restrictions et des exigences variables.

Comment trouver un compte de courtage ?

La création d'un compte de courtage est un processus simple - vous pouvez généralement compléter une analyse en ligne en moins de 15 minutes. (Dans la plupart des États, vous devez avoir 18 ans pour ouvrir votre propre compte, mais voici comment les parents peuvent créer un compte de courtage pour leurs enfants). Une fois que vous avez ouvert le compte de placement, vous devrez amorcer un transfert de fonds. Cela semble compliqué, mais de nos jours, c'est un processus assez simple pour lier votre banque à un courtier, et cela ne peut être fait que dans. Certains courtiers peuvent vous demander de vérifier une transaction. Si tel est le cas, vous devrez attendre que le courtier déverse une petite somme dans votre banque - presque quelques centimes - et vous pourrez confirmer la traduction en informant la société de courtage du montant exact qui a été déduit . Si vous avez des doutes, le courtier peut vous guider tout au long du processus. Une fois le transfert terminé et votre compte de courtage financé, vous pouvez commencer à investir. On vous demandera peut-être si vous souhaitez un compte en espèces ou un compte sur marge. Un compte sur marge vous permet d'emprunter de l'argent au courtier afin de faire des transactions, mais vous paierez des intérêts et c'est risqué. En règle générale, il est préférable de s'en tenir à un compte en espèces dans un premier temps.

Quelle est la différence entre les comptes de courtage et l'IRA ?

Dans un compte de courtage standard, vous versez de l'argent après impôt et, dans la plupart des cas, vos revenus de placement seront imposés. Du côté positif, il y a très peu de règles pour les comptes de courtage : vous pouvez retirer votre argent à tout moment, pour n'importe quelle raison, et investir autant que vous le souhaitez. (Voici nos conseils pour les meilleurs comptes de courtage). Dans un Roth IRA, vous cotisez également de l'argent avant impôt, et une fois que vous atteignez 59½ et que vous avez détenu votre compte pendant au moins cinq ans, vous pouvez recevoir des distributions, y compris des revenus, sans payer d'impôt fédéral supplémentaire. Idéalement, vous devriez avoir les deux, mais privilégier le Roth IRA est préférable pour que vous puissiez augmenter votre argent en franchise d'impôt. Si vous voulez économiser de l'argent pour acheter une maison, un compte de courtage serait plus judicieux. Si vous souhaitez investir pour la retraite, vous pourriez envisager d'ouvrir un compte de retraite plutôt qu'un compte de courtage imposable. Vous pourriez déjà investir pour la retraite par l'intermédiaire de votre employeur - de nombreuses sociétés proposent un régime parrainé par l'employeur. ch comme un 401 (k) et faites correspondre vos contributions. Vous pouvez toujours ou encore un IRA, mais contribuer au moins assez à votre 401 (k) pour gagner ce match en premier est super.

Quelle est la meilleure solution de courtage pour les débutants ?

Les meilleurs outils de courtage pour les débutants ont tendance à n'avoir aucun minimum minimum, un excellent support de soutien et une plate-forme facile à utiliser.

Y a-t-il un minimum pour acheter un compte de courtage ?

La plupart des courtiers n'ont pas besoin d'un compte minimum pour commencer. Donc, si c'est une préoccupation pour vous, cherchez un courtier qui n'en a pas - il y a beaucoup d'options là-bas qui ne nécessitent pas une minute um. N'oubliez pas, cependant, qu'un montant minimum est différent d'un investissement minimum. Un minimum de compte est un montant que vous auriez besoin de déposer dans le courtage juste pour l'orner. Un investissement minimum peut être trouvé dans un fonds indiciel, dans lequel vous devrez acheter, disons, 1 000 $ en actions pour participer au fonds.

Dois-je ouvrir un IRA ou un compte de courtage ?

Que vous deviez ouvrir un compte de courtage IRA ou imposable dépend d'abord de votre situation et de vos objectifs d'investissement. Les planificateurs financiers recommandent souvent, d'abord et avant tout, de contribuer au moins assez au plan 401 (k) d'une entreprise pour gagner le match du somranu, si c'est possible. Si ce n'est pas le cas, il peut être judicieux d'ouvrir un IRA avant un associé de courtage, car les IRA présentent des avantages fiscaux considérables et sont conçus pour une utilisation à long terme. Si vous avez un IRA et que vous le maximisez déjà, et que vous n'avez pas accès à un compte de courtage, alors un compte de courtage pourrait être le prochain ster.

Dois-je payer des impôts sur un courtier associé?

Le fait d'ouvrir une maison de courtage ne signifie pas que vous serez redevable de toute taxe supplémentaire. Mais une fois que vous avez acheté des actions via un compte de courtage, vous devrez probablement payer un impôt sur les gains sarmentaux si vous le vendez pour un profit plus tard. Si l'action ou le fonds que vous achetez via un compte de courtage verse des dividendes, vous devrez payer des impôts sur ces dividendes même si vous ose les réinvestir. Si tel est le cas, votre maison de courtage vous enverra le formulaire fiscal DIV-1099 relativement simple à inclure dans votre déclaration de revenus. Si vous investissez dans le cadre d'un compte de retraite, vous n'aurez généralement pas à vous soucier de tout cela.

Puis-je retirer de l'argent de mon compte de courtage?

Il y a quelques niveaux pour obtenir de l'argent de votre courtage. S'il est investi dans des actions, vous devrez d'abord vendre ces actions. Ensuite, une fois que l'argent est disponible sous forme de ceinture dans votre dossier (ce qui, de nos jours, devient assez instantané), vous vous devrez probablement encore attendre quelques jours avant de pouvoir retirer ce sa sh. Une fois que l'échange "s'installe", vous pouvez retirer l'argent, ce qui peut prendre encore quelques jours pour que l'argent arrière à votre banque. Ainsi, dans des circonstances normales, il ne devrait pas y avoir de problème pour retirer de l'argent de notre compte de courtage, mais nous gardons à l'esprit qu'il devrait être disponible sur notre compte bancaire avant qu'il ne devienne disponible. Pour les maisons de courtage qui offrent une gestion de trésorerie en plus des services de courtage, ce processus est beaucoup plus rapide.

Comment éviter la fraude ?

Méfiez-vous de toute personne qui tente de vendre des FPI qui ne sont pas enregistrées auprès de la SEC. Vous pouvez vérifier l'enregistrement des FPI cotées en bourse et non cotées via le système EDGAR de la SEC. Vous pouvez également utiliser EDGAR pour examiner les rapports annuels et trimestriels d'une FPI, ainsi que tout projet d'offre. Vous devriez également consulter le courtier ou le conseiller en placement qui recommande d'acheter une FPI.

Quelle est la différence entre l'investissement actif et l'investissement passif ?

Vous avez deux options lorsque vous investissez dans l'immobilier : actif ou passif.

- L'investissement immobilier actif signifie que vous êtes propriétaire du bien immobilier. L'avantage d'être un investisseur actif est que vous avez plus de contrôle sur le risque. La quantité de pouvoir que vous exercez vous permet également de réduire la responsabilité et le risque. Les investissements actifs nécessitent du temps, des efforts et de l'expertise pour un succès continu.
- L'investissement immobilier passif signifie fournir le capital (cash) et laisser les investisseurs professionnels gérer le moneuu pour vous. Les investisseurs tirent généralement parti d'un fonds et vous permettent d'avoir moins de réactivité. Bien que les investisseurs passifs abandonnent un certain contrôle, ils obtiennent plus de flexibilité via les FPI, les fonds communs de placement et diverses opportunités immobilières. De plus, l'investissement immobilier passif nécessite moins d'expertise, d'efforts et de gestion.

CHAPITRE 2

*Sters à investir dans
l'investissement immobilier*

Pau en p

Vous devez toujours payer en espèces, en totalité, chaque fois que vous achetez ou rénovez des propriétés d'investissement. Ne pensez même pas à vous endetter pour ça ! Ce conseil pourrait être l'inverse de ce que vous entendrez de certains "gourous" de l'investissement immobilier. Mais la vérité est qu'il n'y a pas de "bonne dette". La dette présente toujours un risque égal - et plus votre investissement est risqué, plus vous risquez de tout perdre. Un acompte de 100% élimine la dette de l'éducation et réduit votre risque. Vous ne trouvez pas de locataire pour votre projet de location ? Qui s'en soucie - sans hypothèque, vous n'avez pas besoin de locataires tout de suite. Le marché du logement a piqué du nez au moment où vous vouliez vendre la maison que vous aviez renversée ? C'est ça. Vous pouvez vous permettre d'attendre que le marché prenne le risque de vous prélasser. Le paiement intégral vous oblige également à gagner de l'argent plus tôt. Au lieu de rembourser un prêteur, vous obtenez tous les bénéfices. Voilà comment investir judicieusement dans l'immobilier ! Maintenant, cela signifie que vous ne pourrez pas investir dans l'immobilier avec juste un peu d'argent.

Planifiez toutes vos dépenses

Lors de l'achat d'un bien immobilier à des fins d'investissement, vous devez tenir compte du coût des taxes, des services publics, de l'entretien et des réparations. Souvent, il est plus facile de passer par une société de location et de lui faire gérer des choses comme les réparations et la perception des loyers. Bien que cela coûtera de l'argent, cela aidera à alléger le fardeau de posséder un bien locatif. Surtout si vous n'avez pas le temps de faire tout ce qui doit être fait à votre convenance, l'utilisation d'un agent est une bonne chose. rion. Vous devez évaluer votre bien de location afin que tous ces frais et autres dépenses soient entièrement couverts. De plus, vous devriez prendre les premiers mois d'argent excédentaire et le mettre de côté pour couvrir le coût des réparations sur le pro oui. Il est également important d'avoir une assurance sur la propriété (et de prévoir le coût). Vous devriez également être prêt à faire face à des coûts supplémentaires et à d'autres situations au fur et à mesure qu'elles surviennent, par rapport à un fonds d'amortissement pour le bien.

Diversifier

Avez-vous déjà entendu la phrase « Ne mettez pas tous vos œufs dans le même panier » ? Cette sagesse s'applique à vos investissements. Lorsque vous atteignez un niveau précis dans vos finances, vous devez investir 15% de votre revenu du ménage dans une retraite. compte. Et à l'intérieur de ces comptes, vous devriez utiliser de bons vieux fonds communs de placement comme fondement de votre stratégie de création de richesse. Une fois que cela est verrouillé et chargé, vous pouvez commencer à investir dans l'immobilier. N'encaissez pas votre épargne-retraite pour acheter une propriété ou quoi que ce soit d'autre. Vos fonds d'investissement immobiliers doivent être séparés de votre épargne-retraite.

Stau a perdu

N'investissez pas en Arizona si vous vivez dans l'Illinois ! Lorsque vous vivez loin de vos affaires, vous êtes obligé de faire aveuglément confiance à une société de gestion pour gérer votre entreprise - et cela rend il est beaucoup plus difficile de les tenir pour solidaires. Maintenant, il peut toujours être judicieux d'embaucher un gestionnaire, même si vous êtes local, pour aider les choses à se dérouler sans heurts. Mais vous et dix vous êtes le propriétaire. Gardez donc un œil sur vos investissements.

Soyez prêt pour les risques

En règle générale, louer un bien n'est pas aussi simple que d'obtenir des locataires et de s'enregistrer une fois par an. Parfois, les locations restent vides pendant des mois, ce qui peut être difficile si vous n'êtes pas vraiment prêt. Et même dans les meilleures situations, les appareils se cassent toujours et les toits fuient toujours. La meilleure façon de se préparer aux risques et de couvrir les dépenses insoupçonnées est d'utiliser un fonds d'urgence entièrement financé.

Recherchez soigneusement la propriété

Si vous achetez un terrain que vous envisagez de vendre ultérieurement, vous devez effectuer une recherche approfondie sur le terrain. Découvrez si de nouvelles routes sont prévues à proximité du terrain que vous achetez et réfléchissez à la manière dont cela affectera la valeur appropriée. Assurez-vous également qu'il n'y a pas de privilège sur la propriété. Vous voudrez peut-être aussi considérer des choses comme les comparables dans le quartier, y compris si la zone est proche, et d'autres jeûnes externes qui pourraient affecter la valeur du programme. Une fois que vous avez fait votre recherche, vous devriez être en mesure de prendre la bonne décision quant à son achat en tant qu'investissement. Investir est toujours un risque, alors gardez cela à l'esprit. Vous pouvez gagner de l'argent sur votre investissement, mais vous pouvez également perdre de l'argent. Les choses peuvent changer, et un domaine dont vous pensiez qu'il pourrait augmenter en valeur pourrait ne pas vous convenir, et vice versa.

Commencer petit.

Vous n'êtes pas sûr que l'investissement immobilier soit fait pour vous ? Chien d'essai. Vous pouvez peut-être louer une chambre au-dessus de votre garage ou une chambre supplémentaire, même pour quelques nuits à la fois. Cela vous donnera un avant-goût de ce qu'est la possession d'une location. Il est également sage de parler à d'autres investisseurs immobiliers. Déjeunez avec eux et demandez-leur ce qu'ils auraient aimé savoir avant de commencer.

Engagez un agent immobilier

Cela ne peut pas être assez souligné : vous avez besoin d'un agent immobilier local. Ils sauront ce que vous devriez examiner et quels obstacles vous pourriez rencontrer en tant qu'investisseur immobilier. Et quand il est temps d'acheter une propriété, ils peuvent vous aider à obtenir une meilleure affaire que vous ne le feriez vous-même.

Quelles sont les erreurs à éviter ?

Avec diverses compétences et stratégies pour décider et déterminer comment investir dans l'immobilier, les investisseurs doivent être prudents pour éviter d quelques erreurs. Une mauvaise décision peut entraîner des pertes importantes lorsqu'il s'agit d'investir dans l'immobilier. Jetez un coup d'œil aux erreurs qui peuvent vous mener à une impasse lors de votre parcours d'investissement immobilier :

Ne pas suivre les tendances du marché

Ne poursuivez pas un troupeau, mais essayez de comprendre les tendances pour de meilleurs gains tout en investissant dans l'immobilier. Si vous investissez dans la mauvaise catégorie, vous risquez de bloquer votre argent pour une durée indésirable.

Prendre des décisions d'investissement émotionnelles

Soyez réaliste lors de l'analyse d'un accord d'investissement immobilier. Évitez les impulsions et les émotions indésirables tout en prenant des décisions d'investissement immobilier.

Ne pas négocier la bonne valeur

Acheter une propriété au prix du marché peut être une grosse erreur pour les débutants. Il existe des moyens de trouver des propriétés sous-évaluées. Si vous investissez davantage dans la mauvaise propriété, vous risquez de ne pas obtenir le bénéfice souhaité pour continuer votre jeu d'investissement immobilier.

Sous-estimer Prorert Du Diligence

- Tout en construisant n'importe quel projet,
- Le faire inspecter par un investisseur immobilier suspect,
- Faire examiner les documents par un avocat immobilier, et
- Confirmer les questions financières comme l'hypothèque, les prêts, l'assurance, les locataires, etc., est crucial.

Comme vous le faites avant d'investir, vous pouvez économiser votre argent, votre énergie et votre temps précieux. Vous pouvez jouer en toute sécurité après une vérification approfondie de la propriété.

Ne pas évaluer d'autres possibilités

C'est bien d'avoir un lien et de le suivre. Cependant, vous devriez toujours avoir plusieurs stratégies de sortie. Si la bonne exécution ne se passe pas comme vous l'aviez prévu, vous devriez avoir d'autres moyens de faire fonctionner le spectacle de manière rentable.

CONCLUSION

En conclusion, la meilleure façon d'apprendre l'immobilier est de le faire. Si vous n'êtes pas vraiment prêt à y aller seul, essayez d'afficher un vrai professionnel dans votre demande pour votre prochaine transaction. Vous devrez peut-être aider à quelques courses pour que leur temps en vaille la peine, mais après avoir établi un réseau avec d'autres professionnels, vous Vous n'aurez aucun problème à trouver une sonnestion à suivre pendant que vous apprenez les cordes. Savoir faire des offres et négocier avec un vrai vendeur sera inestimable lorsque vous créerez votre propre entreprise immobilière. De plus, parcourir les propriétés avec d'autres professionnels vous donnera une idée de ce qu'il faut rechercher lorsque vous êtes prêt à commencer à acheter. Une expérience de première main, surtout lorsqu'il s'agit d'investir dans l'immobilier pour les débutants, rapportera des dividendes dans le l courir.